Das Original Bayerische Leberkäs-Kochbuch

Max Hiergeist

Das Original Bayerische Leberkäs-Kochbuch

SüdOst Verlag

Bildnachweis
IPR & O Hamburg: Umschlagbild, S. 36, S. 53, S. 71, S. 72;
Toni Scholz Passau: S. 17, S. 18, S. 35, S. 54;
Grafiken: Rolf Kunze, Vilshofen

Die Deutsche Bibliothek - CIP-Einheitsaufnahme

Hiergeist, Max:
Das Original Bayerische Leberkäs-Kochbuch / Max Hiergeist. -
Waldkirchen : SüdOst-Verl., 1997
ISBN 3-89682-004-4

ISBN 3-89682-004-4

Inhaltsverzeichnis *Seite*

Beilagen

Der Leberkäs

Der Leberkäs gehört ebenso zur bayerischen Lebensart wie die „Halbe“oder das Krügerl Bier, der „Radi“, die „Lederhose“ oder das „Fingerhakeln“ und „Rangeln“. Doch auch über die Grenzen hinaus machte ihn sein herzhafter Geschmack bekannt und beliebt. Sogar eine Ode auf den Leberkäs wurde gedichtet:

Die Straubinger Leberkäs-Ode

Zu den meistbegehrten Sachen
g'hört seit je das Brotzeitmachen.
Will man es so richtig feiern,
fährt man halt nach Niederbayern,
wo man, altem Brauch gemäß,
zu gern ißt, den Leberkäs,
den vom Wolf, dem Kajetan,
der mit Recht steht vorne dran.
Leberkäs, ein feiner Duft
schwängert schnell die Wirtshausluft,
wenn er, dem Papier entwickelt
und vom Finger schön zerstückelt,
ohne Hilf‘ von Messer, Gabel,
reinkommt in den off'nen Schnabel.
Jeder Mensch in Straubing weiß,
daß man ihn soll essen heiß,
weil die Seele sich entkrampft,
wenn er noch ein bissel dampft.
Hat man gar ein Scherzel kriegt,
das da schön im Anschnitt liegt,

knusprig braun, mit weichem Glanz,
und so mild durchsäuert ganz,
dann ist's eine Augenweide
und des Magens höchste Freude,
ja, ein echter Hochgenuß,
bis ein Rülpser macht den Schluß.
Wer gern Leberkäse ißt,
Bier und Brot nicht ganz vergißt,
lächelt froh ins Himmelszelt
als der Glücklichste der Welt!

Über seine Entstehung und die Herkunft seines Namens gibt es einige Auslegungen.
Leberkäs hat weder etwas mit Leber noch mit Käse zu tun. Im Mittelalter hat der Fleischer - wie es heißt - nicht zu magere Stücke Fleisch zerkleinert, gesalzen, gewürzt und mit Wasser zum sogenannten „Lab", (dem heutigen Brät) angerührt.
Aus Lab, so wird vermutet, wurde Leber. Als Backform hat man ein „Reindl" ausgefettet, mit einem Schweinsnetz ausgelegt und mit dem Brät gefüllt. Dabei entstand die typische Laibform, ähnlich wie beim Käse. Beide Begriffe zusammen ergaben das Wort „Leberkäs".

Der traditionelle Leberkäs ist heute eine typische Brotzeitspezialität und wird von allen bayrischen Metzgereien täglich frisch und warm angeboten. Das „Scherzl", der knusprige Anschnitt, gilt als besondere Delikatesse.
Natürlich dürfen beim warmen Leberkäs die Semmeln, das Weckerl oder die Brezen, der Senf und ein kühles Bier nicht fehlen.

Dieses Kochbuch soll Ihnen zeigen, wie Leberkäse mit einfachen Haushaltsgeräten hergestellt wird, und welche Gerichte, von der einfachen Brotzeit, über Suppen bis zu den verschiedenen Hauptmahlzeiten, aus Leberkäse zubereitet werden können.
Der selbstgemachte Leberkäse hat eine gröbere Struktur als der bayerische Leberkäse, da im normalen Haushalt nur ein Fleischwolf oder eine Küchenmaschine zur Verfügung steht.
Für die Herstellung des sehr feinen „Brat", wie es für den original bayerischen Leberkäs verwendet wird, ist jedoch unbedingt ein Cutter notwendig, wie ihn meist nur der Metzger hat.

In diesem Sinne wünscht Ihnen der Autor gutes Gelingen und guten Appetit!

Original Leberkäs-Rezepturen

Original Bayerischer Leberkäs

Zutaten

500g mageres Schweinefleisch
(Schulter oder Hinterhaxe)
500g Rindfleisch (mageres Suppenfleisch)
500g Bauchspeck vom Schwein
500g Schweinebacken
40g Salz, 1 kleine Zwiebel
2 - 4 Teel. Leberkäsgewürz
(am besten vom Metzger besorgen)
1kg Eisflocken, 1 - 2 Knoblauchzehen
Majoran, Basilikum, Kümmel nach Geschmack
2 Eiweiß, 2 Eigelb

Das sehr gut gekühlte Fleisch, Zwiebel und den Knoblauch ein- bis zweimal durch den Fleischwolf drehen, nochmals kurz kühlen. Vermischen Sie das Eis und die Gewürze mit der Fleischmasse. Verarbeiten Sie alles zu einer geschmeidigen Masse, dem Fleischbrät, fügen Sie zur Bindung das Eiweiß bei. Das Brät in eine gefettete Form füllen und mit dem verquirlten Eiweiß bestreichen. Bei mittlerer Hitze etwa 2 - 2 1/2 Stunden im Rohr backen. Sollten sich Blasen bilden, öfter in die Masse stechen. Schmeckt warm und kalt.

Beilagen: Laugenbrezen, frische Semmeln, hausgemachter Senf, ein kühle Bier

Leberkäs Bayerische Art

Zutaten

500g roher Speck
1000g Schweineleber
1-2 kleine Zwiebeln
50g Schalotten
30g Butter
Salz, Pfeffer, 1 Eßl. Mehl
2 Eigelb
100g Speck in Scheiben

Die feingehackten Zwiebeln und Schalotten in Butter goldgelb dünsten, herausnehmen und abkühlen lassen. Die Leber von den Sehnen befreien und zweimal durch den Fleischwolf drehen. Zwiebel und Schalottenwürfel mit der Leber vermischen. Den Teig würzen und anschließend das Mehl und das Eigelb einarbeiten. Eine Kastenform mit Speckscheiben ausgelegen und dann den Teig einfüllen. Einige Scheiben Speck obenauf legen und bei mittlerer Hitze ca. 90 Minuten backen. In der Form erkalten lassen und stürzen.

Leberkäs wie er früher gemacht wurde

(ohne Cutter, ohne Eis)

Zutaten

1kg Muskelfleisch vom Schwein
100g fetten Schweinebauch ohne Schwarte
10-12g Salz (Pökelsalz gibt eine schönere Farbe)
ca. 6g Leberkäsgewürz
Pfeffer nach Belieben

Fleisch und Schweinebauch dreimal durch den Fleischwolf drehen und anschließend unter Zugabe von etwas kaltem Wasser auf einem Nudelbrett solange mit der Hand verrühren, kneten und vermengen, bis eine gleichmäßige, homogene Masse, das Brät, entstanden ist. In eine Backform geben und im Rohr bei ca. 250°C 15 - 20 Minuten anbraten, zur Bildung einer schönen Kruste. Anschließend bei 200°C fertig backen. Bratzeit beträgt bei 1kg Brät etwa 1,5 - 2 Stunden.

Rezept von einem alten, erfahrenen Metzger, der es bereits von seinem Vater so erlernt hat, zu Zeiten als es noch keinen Cutter gab.

Leberkäs
Altdeutsche Art

Zutaten

3 kg Schweinefleisch
400 g Schweineleber
250 g gekochte, sehr feste Speckwürfel
3 Eier
3 Zwiebeln
Salz, Pfeffer, Majoran, Basilikum, Kümmel nach Geschmack

Fleisch, Speckwürfel und Leber mit den Zwiebeln zweimal durch den Fleischwolf drehen. Mit Salz, Pfeffer und den übrigen Gewürzen abschmecken, 1 Ei und 2 Eiweiß untermengen. Den Teig zu einer geschmeidigen Masse gut verkneten. Diese in eine gefettete Form füllen und mit 2 verquirlten Eigelb bestreichen. Bei mittlerer Hitze etwa 2-2 1/2 Stunden im Rohr backen. Sollten sich Blasen bilden, dann öfter anstechen.

Beilagen: Laugenbrezen, frische Semmeln, hausgemachter Senf und ein kühles Bier.

Kalbsleberkäs

Zutaten

500g Muskelfleisch vom Kalb
250g Muskelfleisch vom Schwein
250g Schweinebauch
20g Speisesalz
5g Kalbsleberkäsgewürz
1 Prise weißen Pfeffer
1 Teel. Zitronensaft
1 Msp. Muskatblüte

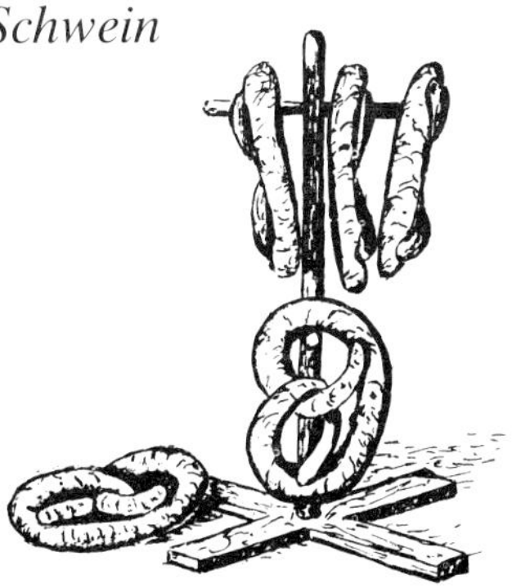

Fleisch und Speck durch den Fleischwolf drehen. Das Hack auf 5° im Gefrierschrank abkühlen und anschließend im Cutter oder in der Küchenmaschine zu einer geschmeidigen Masse vermengen, dabei nach und nach die Gewürze untermischen. Das Brät in eine Kastenform geben und bei ca. 180° etwa eine Stunde backen .
Warm oder kalt servieren.

Beilagen: Kartoffelsalat, Gebäck

Original Bayerischer Leberkäs, frisch aus dem Backrohr

Zünftige Leberkäs-Brotzeit

Pferdeleberkäs

Zutaten

900g Muskelfleisch vom Pferd
100g Rückenspeck vom Schwein
20g Pökelsalz
5g Leberkäsgewürz
1 Prise weißen Pfeffer
1 kleine Zwiebel
1 kleine Knoblauchzehe

Fleisch, Speck und die Zwiebel durch den Fleischwolf drehen und auf 5° im Gefrierschrank abkühlen. Das gekühlte Hack im Cutter oder in der Küchenmaschine zu einer geschmeidigen Masse vermengen, dabei nach und nach die Gewürze beigeben. Sind weder Cutter noch Küchenmaschine vorhanden, das Fleisch mehrmals durch den Fleischwolf drehen. Zum Schluß das Brät in eine Kastenform füllen und bei 180° etwa 1 Stunde backen. Warm oder kalt servieren.

Beilagen: Kartoffelsalat, Gebäck

Fischleberkäs

Zutaten

3 kg Weißfischfilet, am besten gemischt
2 mittelgroße Zwiebeln
1 kl. Bund Petersilie
60g Speisesalz
1 Eßl. Schwarzer Pfeffer
250 ml Sahne
20g Semmelbrösel
7 Pastetenformen a 500g

Das Fischfilet und die Zwiebeln zwei bis dreímal durch den Fleischwolf drehen, die Petersilie fein hacken und mit den anderen Zutaten vermengen. Das Brät in die Pastetenformen füllen und bei 160° ca. 60 Minuten backen. Das rohe Brät läßt sich für spätere Verwendung gut einfrieren.

Extra Tip:
Die Pastetenform bis zur Hälfte füllen, mit geräucherten Speckscheiben belegen und den Rest des Bräts darauf geben.

Beilagen: Kartoffelsalat

„Vegetarischer“ Leberkäse

Zutaten

500 g Tofu (Sojamasse)
50 g Speck
Petersilie gehackt
1 Zwiebel
1 Teel. Salz
Majoran
2 Eier
1 Handvoll Semmelbrösel
gekörnte Brühe

Den in kleine Würfel geschnittenen Speck in einer Pfanne auslassen und die fein gehackte Zwiebel darin glasig werden lassen. Die Tofumasse mit den Händen zerbröseln, mit der Speck-Zwiebelmischung gut vermengen, die Eier, Petersilie, Majoran und Salz gut untermischen und mit etwas Brühe angießen, da die Masse sonst zu trocken wird. Zur besseren Bindung noch eine Handvoll Semmelbrösel einkneten und eventuell die Form ausstreuen, damit sich nach dem Backen der Tofukäse besser stürzen lässt. Im vorgeheizten Rohr bei 180° ca. 1Std. backen.

Beilagen: Salate aller Art, Brezen
oder Salzkartoffeln

Suppen

Leberkässuppe

Zutaten

30g Fett
200g Suppengrün
250g Wirsingkohl
1 kleine Zwiebel
1,5l Fleischbrühe
30g Butter
30g Mehl
Petersilie
Salz, Pfeffer
125 ml saure Sahne
1 Scheibe Leberkäse, 1cm dick
Weißbrotwürfel

Das kleingeschnittene Suppengrün und den geschnittenen Wirsing in wenig Fett rösten, die geschnittene Zwiebel zugeben, etwas mitandünsten und mit der Brühe aufgießen. Dann eine Mehlschwitze bereiten, ein wenig gehackte Petersilie dazugeben, alles in die Suppe einrühren und kräftig aufkochen. Salzen, pfeffern und die abgeschmeckte Brühe durch ein Sieb streichen. Die saure Sahne hineinquirlen, den in Würfel geschnittenen Leberkäse darin erwärmen und nochmals aufkochen lassen.
Die Suppe mit in Butter gerösteten Weißbrotwürfeln servieren.

Gemischte Leberkässuppe

Zutaten

300g gemischter Leberkäs
1l Wasser
3 gestr. Eßl. Klare Fleischsuppe (Instant)
250g Kartoffeln
Majoran, Pfeffer, Streusalz, Streuwürze, geröstete Zwiebelwürfel

Das Wasser zum Kochen bringen, Fleischsuppenpulver unterrühren, Kartoffeln schälen, in Würfel schneiden und mit dem Majoran zur Fleischsuppe geben und gar kochen lassen.
Den Leberkäs in Würfel schneiden, in die Suppe geben und kurz miterhitzen. Kurz vor dem Servieren geröstete Zwiebelwürfel über die Suppe verteilen.

Leberkäsnockerlsuppe

Zutaten

250g Leberkäsbrät
125ml Milch
30g Butter
1/2 Zwiebel
1 Ei
4-6 Eßl. Semmelbrösel
Petersilie
Salz, Muskatnuß
1 1/4 l Fleischbrühe

Das Brät mit der Milch glattrühren. Die Zwiebel und die Petersilie fein hacken, in der Butter andünsten und zum Brät geben, Ei, Semmelbrösel und Gewürze untermischen. Der Teig soll nicht zu fest sein. Mit einem nassen Löffel Nockerl abstechen und vorsichtig in die kochende Brühe gleiten lassen. Man kann die Nockerl auch mit einem Spätzlehobel zubereiten.
Ca. 15-20 Minuten leicht köcheln.

Leberkässtrudelsuppe

Zutaten

200g Leberkäsbrät
2-3 Eßl. gehackte Petersilie
2 Pfannkuchen
1 l Fleischsuppe

Das Leberkäsbrät und die Petersilie gut vermischen, die Masse auf die Pfannkuchen dick aufstreichen, eng aufrollen und etwas stehen lassen. Die Rollen in 2-3 cm dicke Streifen schneiden und vorsichtig in die kochende Fleischbrühe geben. Kurz aufkochen und 5 Minuten ziehen lassen.

Kalte Gerichte

Leberkäs - Salat

Zutaten

200g Leberkäsaufschnitt
50g Edamer oder Gouda
1 kleine Zwiebel
3 Eßl. Weinessig
0,3l kaltes Wasser
3 Teel. Salz, Pfeffer, Paprikapulver
1 Teel. Zucker

Den Leberkäse in Streifen schneiden und auf einem Teller in der Mitte anrichten. Den Käse in Würfel schneiden und zum Leberkäse dazu geben. Die Zwiebel in feine Ringe schneiden und darauf legen. Aus Wasser, Essig, Zucker und Salz einen Sud bereiten und darüber gießen. Das Ganze eine 1/2 Stunde ziehen lassen und vor dem Servieren mit Pfeffer und Paprikapulver bestreuen.

Herzhafter Nudel - Leberkässalat

Zutaten

400g Leberkäs aufgeschnitten
500g Nudeln
Salz, Pfeffer
3 Zwiebeln
8 Tomaten
12 schwarze Oliven
2 Knoblauchzehen
6 Eßl. Essig
1 Teel. Senf
8 Eßl Öl
20 Oliven mit Paprika
2 Eßl. Kapern
1 kleiner Endiviensalat
1 Bund Petersilie

Die Nudeln in reichlich Salzwasser weich kochen und abgießen. Zwiebeln in Ringe schneiden, Tomaten häuten, entkernen und in Stücke schneiden. Die schwarzen Oliven entsteinen und halbieren. Den Leberkäs in Vierecke schneiden. Knoblauch gut zerdrücken und mit Essig, Senf, Salz und Pfeffer verrühren, zuletzt das Öl angießen. Alle Zutaten, außer dem Endiviensalat, mit der Salatsauce vermengen. Den Salat putzen, waschen, gut abtropfen lassen und auf einer Platte anrichten. Den Nudelsalat darauf geben und mit gehackter Petersilie bestreuen.

Partysalat mit Leberkäse

Zutaten

200g Leberkäse im Stück
2 mittelgroße Äpfel
2 Essiggurken
4 Eßl. Öl
1 Eßl. Kräuteressig
Salz, Senf
1-2 Eßl. Salatmayonaise
1 Teel. gehackte Petersilie
1 Teel. Schnittlauchröllchen
1 Teel. gehackter Dill

Den Leberkäse und die geschälten Äpfel in feine Streifen schneiden. Aus Öl, Kräuteressig, Salz, Senf und Mayonaise ein Dressing anrühren und die Kräuter untermischen. Die Salatzutaten vorsichtig mit der Sauce vermengen, evtl. noch nachwürzen und abschmecken. Den Salat gut durchziehen lassen vor dem Servieren.

Beilagen: Alle Sorten von Brot

Pizzaleberkäs

Zutaten

500g Leberkäsbrät
80g fein gewürfelter Schinken
80g fein gewürfelte Salami
80g fein gewürfelter Edamer-Käse
1 eingelegte, fein gewürfelte, rote Paprikaschote
3-4 Eßl. Pizza Würzmischung
1 Teel. getrocknete, geriebene Chilischoten

Alle Zutaten in eine Schüssel geben und gut durchmischen. Das Brät in eine Kastenform füllen und im Backrohr bei 200 Grad ca. 90 Minuten fertig backen. Abkühlen lassen und fein aufgeschnitten servieren.

Beilagen: Alle Arten von Brot

Champignonleberkäs

Zutaten

500g Leberkäsbrät
200g ganze, eingemachte Champignonköpfe

Die Champignonköpfe in einem Sieb abtropfen lassen. Das Leberkasbrät in eine Schüssel füllen und die Champignons unter das Leberkäsbrät heben. Die Masse in eine Kastenform geben und darauf achten, daß alle Champignons mit dem Brät bedeckt sind. Im Backrohr bei 200 Grad ca. 90 Minuten backen, abkühlen lassen und fein aufgeschnitten servieren.

Beilagen: Alle Arten von Brot

Einfache Sülze mit Gelatine oder Aspikpulver

Zutaten

1l klare, entfettete Brühe
Essig nach Geschmack

zum Steifen:
12 Blatt weiße Gelatine
Flüssigkeit zum Quellen
4 Eßl. heiße Brühe zum Lösen

zum Einlegen:
200g Leberkäse
Gewürz- oder Essiggurken
etwas gekochtes Gemüse
Scheiben von hartgekochten Eiern

Leberkäse und Gurken in Scheiben oder Streifen schneiden. Brühe abseien und kräftig abschmekken, vorbereitete Gelatine nach Gebrauchsanweisung auflösen und zur Brühe geben. Den Leberkäse, die Eier , die Gurken und das Gemüse schön in einem Teller anordnen und mit der Brühe begießen. Vor dem Servieren gut kühlen, am besten die Sülze schon am Vortag zubereiten.

Beilagen: Bratkartoffeln, Brot

Leberkästüten

Zutaten

8 Scheiben aufgeschnittener Leberkäse
6-7 Eßl. Sahnequark
1-2 Rettichwurzeln
Essig, Salz
Schnittlauch
2 hartgekochte Eier

Die Leberkässcheiben zu Tüten formen und mit Zahnstochern zusammenhalten. Den Rettich waschen, reiben und unter den Quark mischen, mit einigen Tropfen Essig und Salz würzen, den fein gehackten Schnittlauch dazugeben und die Masse in die Leberkästüten füllen. Tütenöffnung mit hartgekochten Eierscheiben abdecken.

Leberkästüten

Leberkäs in Bierteig auf Kresse

Warme Gerichte

Leberkäse im Bierteig auf Kresse

Zutaten

4 Scheiben Leberkäse à 125 g
125 g Mehl
1 Ei
Salz
1 kleine Zwiebel
1 Bund Schnittlauch
1/8 l Bier
50 g Butterschmalz
2 Kästchen Kresse
1 rote Paprika
2 Fleischtomaten

Paprika putzen und in feine Streifen schneiden. Fleischtomaten waschen und achteln, Zwiebeln schälen und feinhacken, Schnittlauch waschen und in feine Röllchen schneiden. Aus Mehl, Ei, Salz, Zwiebel und Schnittlauch sowie Bier einen dickflüssigen Teig rühren und circa 10 Minuten quellen lassen. Butterschmalz in einer Pfanne erhitzen, Leberkäse in den Bierteig tauchen und in heißem Butterschmalz von beiden Seiten etwa 4 Minuten backen. Auf 4 Tellern je ein Kressenest anrichten, den Leberkäse darauflegen und mit den Paprikastreifen und Tomatenachteln garnieren.

Leberkäsrolle in Blätterteig

Zutaten

4 Scheiben aufgeschnittener Leberkäse
1 Paket Tiefkühlblätterteig
1 Eigelb
Salz

Auf jeweils eine Scheibe Blätterteig eine Scheibe Leberkäse legen, beides zusammenrollen, dann die Teigrolle mit der offenen Seite nach unten, auf das mit kaltem Wasser abgespülte Backblech legen und mit leicht gesalzenem Eigelb bestreichen. Im vorgeheizten Rohr bei 220 Grad goldgelb backen (ca. 20 Minuten).

Beilagen: Salate

Leberkäse im Teigmantel

Zutaten

500g Leberkäse, in 1cm dicke Scheiben geschnitten
100g Mehl
2 Eier
8 Eßl. Milch oder Weißwein
Salz, Pfeffer
Fritierfett

Den Leberkäse in 2cm breite Streifen schneiden. Das Mehl mit den Eiern, der Milch oder dem Wein in eine Schüssel geben und zu einem geschmeidigen Teig verrühren. Mit Salz und Pfeffer würzen. Die Leberkässtreifen durch den Teig ziehen und in der Pfanne oder Friteuse schwimmend goldbraun ausbacken.

Beilagen: Sauce Tartar, Toast und Salat.

Leberkäse im Käsemantel

Zutaten

1 Scheibe Leberkäse, ca. 1cm dick
100g geriebener Käse
1 Ei
2-3 Eßl. Öl
Salz, Pfeffer, gemahlener Kümmel

Das Ei mit dem Öl verquirlen, den geriebenen Käse untermischen mit Salz, Pfeffer und dem gemahlenen Kümmel abschmecken. Die Leberkässcheibe halbieren und mit der Käsemasse jede Hälfte rundherum bedecken (panieren).
In einer Pfanne, mit reichlich heißem Fett, oder in der Friteuse goldgelb herausbacken.

Beilagen: Toastbrot, gemischter Salat

Leberkästaschen

Zutaten

1Scheibe Leberkäse, ca. 250g
1 Packung gemischte Tiefkühlkräuter
50g geräucherter Speck
1 kleine Zwiebel
1 kleine Knoblauchzehe
2 Zahnstocher

Die Leberkässcheibe halbieren und der Länge nach eine Tasche einschneiden.
Für die Füllung:
Den Speck klein würfeln und auslassen, die feingehackten Zwiebeln und die Knoblauchzehe kurz mitdünsten. Die Kräuter hinzugeben, kurz erwärmen und die Füllung in die Leberkästaschen geben. Die Öffnungen mit den Zahnstochern verschließen und den Leberkäse auf dem Rost von beiden Seiten ungefähr 15 Minuten backen.

Als Beilage empfehlen sich Pommes oder Curryreis, sowie eine gemischte Salatplatte.

Leberkäse in Dillsoße

Zutaten

500g Leberkäse
60g Butter
1 Zwiebel
40g Mehl
4 Eßl. gehacktes Dillkraut
0,5l Fleischbrühe
Salz, Pfeffer, Muskat
2 Eßl. saure Sahne
eine Prise Zucker
Essig

Den Leberkäse in Würfel schneiden. Die feingeschnittene Zwiebel in heißer Butter anbräunen, das Mehl zugeben und alles kurz anschwitzen. Mit Brühe aufgießen, die Hälfte des Dills beigeben und cirka 20 Minuten kochen lassen. Mit saurer Sahne, Gewürzen und Essig abschmecken, das restliche Dillkraut und die Leberkäswürfel dazu tun und nochmals 5 Minuten köcheln, bis der Leberkäse warm ist.

Beilagen: Kartoffelpüree, Brot

Zwiebelleberkäse

Zutaten

1 Scheibe Leberkäse, 1cm dick
1-2 Zwiebeln
40g Margarine
2 Eßl. Mehl

Die feingeschnittene Zwiebel in heißem Fett gut anbraten und warm stellen. Währenddessen den Leberkäse in Mehl wenden und auf beiden Seiten knusprig braten. Mit den Zwiebeln garnieren und servieren.

Beilagen: Bratkartoffeln, Salate

Leberkäse mit Stangenspargel

Zutaten

4 Scheiben aufgeschnittener Leberkäse
8 Stangenspargel
60 - 80g Butter
Salz, Zucker

Spargel waschen, schälen und in Salzwasser mit einer Prise Zucker weich kochen. Den Spargel gut abtropfen lassen und jeweils zwei Stangen mit einer Scheibe Leberkäse umwickeln. Die Rollen mit zerlassener, heißer Butter übergießen.

Beilagen: Kartoffeln

Leberkäse mit Sauerkraut

Zutaten

4 Scheiben Leberkäse
1 kleine Dose Sauerkraut
250g Äpfel
2 Zwiebeln
250g harte Mettwurst
1 kleines Glas rote Paprika
1 Bund Dill
2 Eßl. Essig
Salz, Zucker, Pfeffer
1 Msp. gemahlenen Kümmel
4 Eßl. Öl

Das Sauerkraut mit zwei Gabeln lockern, die Äpfel waschen, vierteln, entkernen und in Scheiben schneiden. Die Zwiebeln abziehen, fein würfeln und mit den Äpfeln zu dem Sauerkraut geben. Die Mettwurst und den Paprika schneiden, den Dill hacken und alles hinzugeben. Aus Essig, Salz, Pfeffer, Zucker, Kümmel und dem Öl eine Marinade rühren, über den Salat gießen und gut vermischen. Den Salat 1 Stunde durchziehen lassen, auf einer Platte anrichten und mit den Leberkässcheiben (kalt oder warm) belegen.

Leberkäse auf Linsengemüse

Zutaten

300g Leberkäse, ca. 1cm dick
40g magerer Speck
1 Bund Suppengrün
1 Zwiebel
1 Teel. Butter
150g Linsen
200ml Fleischbrühe
1 Teel. Senf
75ml Sahne
Salz, Pfeffer
1-2 Eßl. Weinessig
Petersilie

Den Speck in einer Pfanne auslassen, Suppengrün und Zwiebelwürfel zugeben. Linsen vorher schon in lauwarmen Wasser 2 Stunden einweichen, dann das Wasser abgießen und die Linsen zum Speck in die Pfanne geben. Die Fleischbrühe angießen und bei schwacher Hitze 15 Minuten köcheln. Die Sahne dazugeben mit Salz, Pfeffer, Senf und Essig abschmecken. Butter in eine Pfanne geben, Leberkäse darin anbraten und auf das Gemüse legen. Mit klein geschnittener Petersilie bestreuen.

Dazu schmecken Kartoffeln und als Getränk ein trockener französischer Rotwein.

Leberkäse mit Blumenkohl überbacken

Zutaten

1-2 Rosen Blumenkohl
250g Leberkäse
2-3 Eigelb
125ml saure Sahne
125ml Milch
Salz, Muskat
20g Reibkäse
20g Semmelbrösel
20g Butterflocken

Den Blumenkohl waschen, in Röschen teilen und in Salzwasser bißfest kochen. In eine gebutterte Auflaufform lagenweise Blumenkohl und Leberkäse schichten. Den Rahm mit Milch, Eigelb, Salz und einer Prise Muskat verquirlen und über den Auflauf gießen. Mit Käse und Semmelbrösel bestreuen, mit Butterflocken belegen und bei mässiger Hitze im Rohr ca. 30 Minuten überbacken.

Beilagen: Reis, Salate

Leberkäs - Eintopf

Zutaten

250g bayerischer Leberkäse
250g Kalbsleberkäse
4 Eßl. Öl
1 Zwiebel
500g gelbe Paprikaschoten
500g gehäutete Tomaten
$1/2$ - $3/4$ kg Kartoffeln
einige Oliven
etwa 0,5l Brühe
Salz, Petersilie

Den Leberkäse in gleichmäßige, nicht zu große Würfel schneiden. Gewaschenen Paprika in Streifen schneiden und Tomaten vierteln. In heißem Öl feingeschnittene Zwiebeln hellgelb rösten, Paprika beifügen, gut andünsten, geviertelte Tomaten zugeben, durchdünsten, zuletzt nicht zu groß gewürfelte Kartoffeln und Oliven untermengen. Alles gut würzen, mit kräftig abgeschmeckter, kochender Brühe aufgießen. Zugedeckt, bei mäßiger Hitze garen, abschmecken und 15 Minuten vor Garende den Leberkäse zugeben. Garzeit etwa $1\,1/4$ Stunden.

Leberkäs-Champignon-Spießchen

Zutaten

4 Scheiben Leberkäse, 2 cm dick
1 Glas Champignonköpfe
2 Scheiben magerer Räucherspeck, je 1cm dick
Salz, Pfeffer
1 Teel. Kräuter der Provence
1 Eßl. Öl

Leberkäse und Räucherspeck in kleine Quadrate schneiden. Die Champignonköpfe abseien, mit Pfeffer und Salz leicht würzen, die Kräuter und das Öl dazu geben und gut durchmischen. Die Champignons 1 Stunde durchziehen lassen, dabei öfter mischen. Leberkäse, Räucherspeck und Champignons abwechselnd auf 4 Spieße schieben und im vorgeheizten Grill von jeder Seite ca. 2 Minuten grillen.

Beilagen: Knoblauchbrot, Salate

Leberkäse-Speck Spießchen

Zutaten

Pro Spieß
2 Scheiben aufgeschnittener Leberkäse
4 Scheiben magerer Räucherspeck
1 mittelgroße Essiggurke
2 kleine eingemachte Maiskolben
2 Silberzwiebeln
1 Holzspieß

Die Essiggurke und den Leberkäse halbieren. Die halbe Gurke mit Leberkäse, die Maiskolben mit Räucherspeck umwickeln. Auf den Holzspieß abwechselnd eine Silberzwiebel, ein Gurkenröllchen, ein Maisröllchen und zum Schluß wieder eine Silberzwiebel stecken. Auf dem Grillrost jede Seite 3-5 Minuten grillen.

Beilagen: Knoblauchbrot, Salate

Leberkäs am Spieß

Zutaten

1 Leberkäs von etwa 600 g
2-3 Eßl. Öl
1 Eßl. Senf

Den Leberkäs von allen Seiten mit etwas Öl einpinseln und Senf darüber streichen. Den Leberkäs auf einen Grillspieß stecken und ca. 1 bis 2 Stunden unter ständigem Drehen bei schwacher Glut grillen. Hin und wieder mit Öl betreufeln, damit der Leberkäs schön saftig bleibt.

Dazu gibt es gegrillte Fleischtomaten, Kräuterbutter, Grillkartoffeln oder gemischten Salat.

Leberkäs am Spieß

Leberkäs Guglhupf

Leberkäs Guglhupf

Zutaten

1 kg Leberkäsbrät
1 Dose Champignons
3 Eier
1 Zwiebel
1-2 Zehen Knoblauch
1 Eßl. Petersilie

Zwiebel, Knoblauch, Champignon und Petersilie kleinschneiden und mit den Eiern und dem Leberkäsbrät gut vermengen. Eine Guglhupfform einfetten, mit Semmelbröseln ausstreuen und das gemischte Brät einfüllen Im Backrohr bei 200° etwa 90 Min. backen. Leberkäse in der Form ca. 5 Min. abkühlen lassen, leicht schütteln, damit er sich gut aus der Form löst und vorsichtig stürzen.

Bunter Kalbsleberkäse

Zutaten

1 kg Kalbsleberkäsbrät
200g gekochter Schinken
2 Essiggurken
je ein Stück rote, gelbe und grüne Paprikaschote
1 Gelbe Rübe
1 Eßl. gehackte Petersilie
1 Ei
1 kleine Dose Mais
1 Eßl. Speisestärke
Salz, Pfeffer,
1 Teel. Worcestersauce

Schinken, Essiggurken, Paprikaschoten und Karotte in kleine Würfel schneiden und mit dem Kalbsbrät, der Petersilie und dem Ei zu einem Teig vermengen. Den abgetropften Mais, Stärkemehl und die Gewürze zu dem Fleischteig geben. Eine Kastenform einfetten, mit Semmelbrösel ausstreuen das Brät einfüllen und im Backrohr ca. 1 Stunde bei 200° backen. Leberkäse etwa 5 Min. in der Form abkühlen lassen und stürzen.

Leberkäs „schwarz - weiß“

Zutaten

1 kg Kalbsleberkäsbrät
1 kg normales Leberkäsbrät

Eine Kastenform gut einfetten und mit Brösel ausstreuen. Nehmen Sie jeweils die Hälfte von den beiden Teigarten und füllen Sie die Form abwechselnd mit den verschiedenfarbigen Brätarten. Hierbei sind der Phantasie keine Grenzen gesetzt, entweder als Schachbrettmuster, oder jeweils dünne Schichten einfüllen, dann ist der Leberkäse gestreift, wenn man ihn nach dem Backen aufschneidet. Er wird etwa 90 Minuten bei 200° gebacken. 5 Min. in der Form auskühlen lassen und dann erst stürzen. Man kann das Kunstwerk warm oder kalt servieren.

Leberkäse sauer

Zutaten

150g Leberkäse
1/2 - 1/4 l Fleischbrühe
1 kleine Zwiebel
1 Eßl. Öl
2-3 Eßl. Weinessig
2 Eßl. Mehl
1/8 l Rahm
Salz, Pfeffer

Zwiebeln fein würfeln und in heißem Öl glasig dünsten. Leberkäse hinzugeben und kurz anbräunen. Leberkäse und Zwiebeln mit Mehl bestäuben und kurz anschwitzen. Mit der Fleischbrühe aufgießen, kurz aufkochen lassen, den Rahm einrühren und mit Essig, Salz und Pfeffer abschmecken.

Beilagen: Teigwaren, Semmelknödel oder Kartoffelbrei

Leberkäse in Bier

Zutaten

1 Scheibe Leberkäse, 1cm dick
2 Tassen dunkles Bier
2 Tassen Wasser
2 Eßl. Gewürzkörner
2 Lorbeerblätter
3 Eßl. Fett
Salz, Pfeffer, Zucker, Zitronensaft
Mehl

Gewürzkörner und Lorbeerblätter 15 Minuten im Wasser kochen, danach abgießen und die Brühe aufheben. Den Leberkäse im heißen Fett beidseitig anbraten, anschließend mit der abgeseiten Brühe aufgießen. Das Bier dazu schütten, die Soße mit etwas Mehl binden und mit Salz, Pfeffer, Zucker und dem Zitronensaft abschmecken.

Beilagen: Kartoffelbrei, Blaukraut

Leberkäs - Gröstl

Zutaten

600g gekochte Kartoffeln
250g Leberkäse
50g Schweinefett
1 große Zwiebel
Salz, Pfeffer, Majoran
2 Eßl. Kümmel

Die feingeschnittene Zwiebel in heißem Fett anrösten, dann blättrig geschnittene Kartoffeln zugeben und mitbraten. Den Leberkäse in mundgerechte Stücke schneiden, ebenfalls in die Pfanne legen, mit Salz, Pfeffer, Kümmel und einer Spur Majoran würzen. Das Ganze gut durchbraten.

Beilagen: grüner Salat

Leberkäse nach Jägerart

Zutaten

4 Scheiben Leberkäse
50-60g Butter oder Öl
1 gelbe Rübe
1 Stück Sellerieknolle
100g Pilze
Salz, Pfeffer
etwas Mehl
2 Eßl. Rahm
6 Eßl. Weißwein

Leberkäse in Butter oder Öl auf beiden Seiten schön goldbraun braten, aus der Pfanne nehmen, warm stellen. Im Bratenfett sehr fein geschnittenes Gemüse und blättrig geschnittene Pilze kurz rösten, mit wenig Mehl bestäuben, salzen , Rahm und Wein zugeben, rasch garen und abschmekken. Leberkäse einlegen, kurz durchziehen, aber nicht kochen lassen. Den Leberkäse anrichten, Gemüse und Pilze darüber verteilen und sofort zu Tisch bringen.

Beilagen: Reis, Kartoffelbrei, Spätzle, Teigwaren und Salate nach Wahl.

Leberkäs Gulasch

Zutaten

250g Leberkäse
3-4 Eßl. Speiseöl
250g Zwiebeln
1 Teel. Paprika edelsüß
1-2 Teel- Tomatenmark
Pfeffer
1l Wasser
3 gestrichene Löffel Instantbrühe
200g Kartoffeln
2 Eßl. Speisestärke
3 Eßl. kaltes Wasser
sauere Sahne

In einem Topf das Öl erhitzen, die gewürfelten Zwiebeln darin glasig dünsten, mit dem Wasser aufgießen, Brühe, Paprika, Tomatenmark und Pfeffer zugeben und alles zum Kochen bringen. Kartoffeln schneiden, in die Suppe geben, nach etwa 40 Minuten den geschnittenen Leberkäse zugeben und noch ca. 5 Minuten mitkochen. Speisestärke anrühren und die Suppe damit abbinden, sauere Sahne angießen und nach Belieben mehr oder weniger scharf abschmecken.

Leberkäs Schaschlik

Zutaten

600g gemischter Leberkäse
4 große Zwiebeln
4 Paprikaschoten
100g durchwachsener Räucherspeck

Würzmarinade:
6-8 Eßl. Öl
Saft von einer Zitrone
1 geriebene Zwiebel
Pfeffer, Thymian, Oregano, 1 Zehe Knoblauch
1-2 Teel. Tomatenketchup
1-2 Teel. scharfer Senf
1 Eßl. Cognac

zum Bestreichen: Öl, Würzmarinade, Senf

Leberkäse in Stücke schneiden, alle Zutaten für die Würzmarinade mischen, den Leberkäse einige Stunden darin einlegen und kaltstellen. Zwiebeln schälen, in dicke Scheiben oder Hälften schneiden, gewaschene Paprikaschoten und den Räucherspeck in 3 cm breite Streifen schneiden. Dann Leberkäse, Speck , Zwiebeln und Paprikastreifen locker abwechselnd auf ein Spießchen stecken und gut mit Öl bestreichen. Im vorgeheizten Grill bei guter Hitze, unter mehrmaligem Bestreichen mit Würzmarinade etwa 15-20 Minuten grillen. Fertige Spieße leicht salzen.

Beilagen: Saucen, Ketchup und Salate.

Leberkäs Risotto

Zutaten

300g Leberkäse
2-4 Eßl. Speiseöl
1 Zwiebel
150g Gewürzgurken
150g Möhren
1 kleine Stange Lauch
1 Stück Sellerie
1 Teel. Currypulver
250g Brühreis
1L Wasser
ca. 3 Eßl. gekörnte Brühe
3 geschälte, gewürfelte Tomaten
etwa 230g Ananasstücke
50g durchwachsener Speck

Leberkäse und Speck in größere Würfel schneiden. Zwiebel, Gewürzgurken, Möhren und Sellerie fein würfeln. Lauch in Ringe schneiden, das Öl erhitzen und die Zwiebel darin glasig dünsten. Das Gemüse zu den Zwiebeln geben und mitdünsten lassen, Curry darüber stäuben und den Brühreis, Wasser und Fleischsuppe hinzugeben. Alles gar kochen. Kurz vor Beendigung der Garzeit Tomatenwürfel und Ananasstücke untermischen. Speck in der Pfanne auslassen, den Leberkäse hinzugeben, goldbraun anbraten und über den Reistopf verteilen.

Leberkäse in Knoblauchsoße

Zutaten

500g Leberkäse
50g Fett
40g Mehl
4-6 Knoblauchzehen
Feingeschnittene Petersilie
1/2 Zwiebel
0,5l Fleischbrühe
Salz, Pfeffer

Das Mehl in heißer Butter leicht anschwitzen, die Knoblauchzehen durch die Presse drücken und mit der feingeschnittenen Zwiebel und der Petersilie in die Mehlschwitze geben. Alles unter ständigem Rühren kurz anrösten, dann mit der Brühe aufgießen, die Leberkäswürfel einrühren, mit Salz und Pfeffer abschmecken und ca. 10 Minuten köcheln lassen.

Beilagen: Teigwaren, Kartoffeln

Leberkäse Gyros-Art

Zutaten

500g Leberkäse
1 mittelgroße Zwiebel
1-3 Knoblauchzehen
2-3 Eßl. Gyrosgewürzmischung
3-4 Eßl. Öl
Pfeffer

Den Leberkäse in Streifen schneiden. Die Zwiebel in feine Ringe schneiden, das Öl in einer Pfanne erhitzen und die Zwiebeln darin glasig dünsten. Die Leberkäsestreifen hinzugeben und kurz anbräunen. Den Knoblauch mit der Presse auspressen und zum Leberkäse geben, mit Gyrosgewürzmischung würzen, gut durchrühren und mit Pfeffer abschmecken.

Beilagen: Pita-Brot, Stangenweißbrot, Tzaziki und Salate

Curry - Leberkäse

Zutaten

1 Scheibe Leberkäse, 200g
100g Tomatenketchup
2 Teel. Currypulver
2 Teel. Butter

Den Leberkäse in 5cm breite Streifen schneiden und eine Seite grätenförmig einschneiden. Butter in einer Pfanne erwärmen und zuerst die eine Seite vom Leberkäse und dann die andere gut anbraten. Während die zweite Seite brät, den Leberkäse mit dem Curry würzen, auf einem Teller anrichten und mit Ketchup übergießen.

Beilagen: Langkornreis, Pommes frites, Salat

Leberkäs - Hawai

Zutaten

2 Scheiben Toastbrot
2 Scheiben Leberkäse, ca. 2 cm dick
2 Scheiben Schmelzkäse
2 Scheiben Ananas
2 Cocktailkirschen
2 Teel. Butter

Das Brot kurz toasten und mit Butter bestreichen. Je eine Scheibe Leberkäse auf ein Brot legen, dann die Ananasscheibe und zum Schluß den Schmelzkäse darauf legen. Das ganze im Backrohr bei ca. 200 Grad überbacken bis der Käse geschmolzen ist, ganz heiß servieren.

Pikanter Leberkästoast

Zutaten

4 Scheiben Toastbrot
20g Butter
etwas Senf
4 dicke Scheiben Leberkäse
3-4 kleine säuerliche Äpfel
etwas Zitronensaft
4 dicke Scheiben Chester oder Schmelzkäse
Tomatenketchup

Weißbrotscheiben leicht rösten, auf einer Seite dünn mit Butter bestreichen, darauf etwas Senf geben und mit Leberkäse belegen. Äpfel schälen, raffeln, mit ein paar Tropfen Zitronensaft mischen, auf Toastscheiben verteilen und mit einer Käsescheibe bedecken. Bei guter Hitze im Grill oder im Backofen überbacken bis der Käse anfängt zu schmelzen und die Äpfel weich sind.
Mit einem Tupfer Tomatenketchup anrichten.

Leberkäs-Toast

Zutaten

4 Scheiben Leberkäse
4 Scheiben Toast
1 große Zwiebel
1/2 Salatgurke

Leberkässcheiben in einer Pfanne von beiden Seiten hellbraun braten. Die Toastscheiben damit belegen und mit Zwiebelringen und Gurkenscheiben garnieren.

Leberkäs-Toast

Leberkäs-Wurst-Fondue

Leberkäs-Wurst Fondue

Zutaten

250 g Leberkäse
250 g Bratwürstchen, ganz
250 g Weißwürste
250 g Knoblauchwurst
250 g Cervelatwurst
250 g Pilze
1 große Gemüsezwiebel, geachtelt, in Schuppen geteilt
1 große Paprikaschote
1 mittlere Zucchini
1 l Öl, fertige Fondue-Saucen
Salz, Pfeffer

Leberkäse, Weißwürste, Knoblauchwurst, Cervelatwurst in mundgerechte Stücke schneiden. Pilze gründlich putzen, waschen, abtropfen. Bratwürstchen überbrühen, gut abtrocknen, Wurst mit Gemüse auf einer Platte anrichten. Öl im Fonduetopf erhitzen, auf ein Rechaud setzen. Wurst und Gemüse auf eine Gabel spießen und im heissen Fett garen. Nach Belieben salzen, pfeffern oder in Saucen tunken.

Leberkäse Senf-Fondue

Zutaten

500g Leberkäse im Stück
150g Frühstücksspeck in Scheiben
200g mittelscharfer Senf
250 ml Sahne
ca. 0,5l Fleischbrühe
Zucker

Den Leberkäse in mundgerechte Stücke schneiden und beiseite stellen. Den Speck in der Pfanne knusprig braten, herausnehmen und mit Küchenpapier trocken tupfen. Den Senf und die Sahne zum Fett geben und erhitzen, mit der Brühe aufgießen und mit dem Zucker abschmecken. Alles in einen Fonduetopf umfüllen und auf dem Rechaud köcheln lassen. Den Leberkäse und den Speck einzeln auf Fonduegabeln spießen und in der Sauce erhitzen.

Beilagen: Salzkartoffeln, Grüner Salat

Leberkäse paniert

Zutaten

4 Scheiben bayerischer oder Kalbsleberkäse
Salz
1 Ei
2 Eßl. Wasser
6 Eßl. Semmelbrösel oder fertige Panatmischung
Ausbackfett

Den Leberkäse salzen, zum Panieren erst in Mehl, dann in dem mit Wasser und Öl verquirltem Ei und anschließend in Brösel wenden oder in fertiger Panatmischung. Sofort in heißem Fett bei mäßiger Hitze auf beiden Seiten goldbraun backen. Pfanne nicht zudecken, evtl. schwimmend in heißem Fett ausbacken. Backzeit 8-10 Minuten. Den panierten Leberkäse auf einer heißen Platte mit Zitronenscheiben, Petersilie und Preiselbeeren anrichten. Backfett nie über angerichtetes Backgut geben.

Beilagen: Kartoffelsalat oder andere Salate

Gefüllter Leberkäse gebacken, „Cordon bleu“

Zutaten

4 Scheiben Leberkäse

zum Füllen:
4 Scheiben roher oder gekochter Schinken
4 kleine Scheiben Emmentaler
etwas Tomatenketchup

zum Panieren:
Mehl, Ei, Brösel

Leberkäse mit einem scharfen Messer seitlich so einschneiden, daß jeweils eine große Tasche entsteht. Diese nach Belieben mit etwas Ketchup ausstreichen. Je eine kleine, aber nicht zu dünne Käsescheibe mit einer Schinkenscheibe umwikkeln, Tasche damit füllen, mit einem Holzstäbchen zustecken. Leberkäse in Mehl, Ei und Brösel wenden, oder in Backteig tauchen und im schwimmenden Fett, bei mäßiger Hitze, von beiden Seiten goldbraun backen. Auf einer heißen Platte anrichten, Holzstäbchen entfernen, mit Zitronenspalten und Petersiliengrün garnieren. Backzeit ca. 12 Minuten.

Beilagen: Salate nach Wahl, Pommes frites, Remouladensauce

Gefüllte Nudeln

Zutaten

für den Nudelteig:
250g Mehl
1/2 Teel. Salz
2 Eier
2-3 Eßl. Wasser

für die Füllung:
125g Leberkäse klein gewürfelt
1 Eigelb
2 Eßl. geriebener Käse
1-2 Eßl. Milch

Für die Füllung die Leberkäswürfel mit Ei, Käse und Milch zu einer geschmeidigen Masse verrühren und beiseite stellen. Das Mehl auf eine Tischplatte sieben, in die Mitte eine Mulde drükken. Die Eier mit dem Wasser und dem Salz verschlagen, in die Vertiefung geben und von der Mitte aus alles zu einem glatten Teig verarbeiten, sollte er kleben, noch etwas Mehl einkneten. Den Nudelteig messerrückendick ausrollen, in 6-8cm große Quadrate schneiden und jeweils mit einem Teelöffel der Füllung belegen. Das Eiweiß verquirlen, die Teigränder damit bestreichen, die Fleckchen zu Dreiecken zusammenklappen und die Ränder festdrücken. Die gefüllten Nudeln im kochenden Salzwasser ca. 20 Minuten kochen.

Beilagen: Braune Butter, Salat

Gefüllte Knödel

Zutaten

1250g Kartoffeln
350g Mehl
1 Ei
1 Teel. Sahne
20g Butter
300g Leberkäse
Salz, Pfeffer
Petersilie

Die Kartoffeln kochen und noch heiß durchpressen. Die Kartoffelmasse zusammen mit Mehl, Ei, Sahne und Butter sowie etwas Salz, zu einem glatten Teig verarbeiten und diesen fingerdick ausrollen. Den Teig in Vierecke schneiden, flachdrücken und mit kleinen Leberkäsewürfeln füllen. Die Quadrate zu Knödeln formen und in Salzwasser 8-10 Minuten leicht sieden. Beim Servieren mit gehackter Petersilie bestreuen.

Beilagen: Sauerkraut, Salate

Schinkenleberkäs

Zutaten

500g Leberkasbrät
150g grob gewürfelten Hinterschinken

Das Leberkasbrät in eine Schüssel geben, die Schinkenwürfel hinzu tun und unter die Leberkäsmasse heben. Das Brät in eine Kastenform füllen, darauf achten, daß alle Schinkenwürfel mit Brät bedeckt sind. Im Backrohr bei 200 Grad ca. 90 Minuten backen. Abkühlen lassen und fein aufgeschnitten servieren.

Beilagen: Alle Arten von Brot

Beilagen

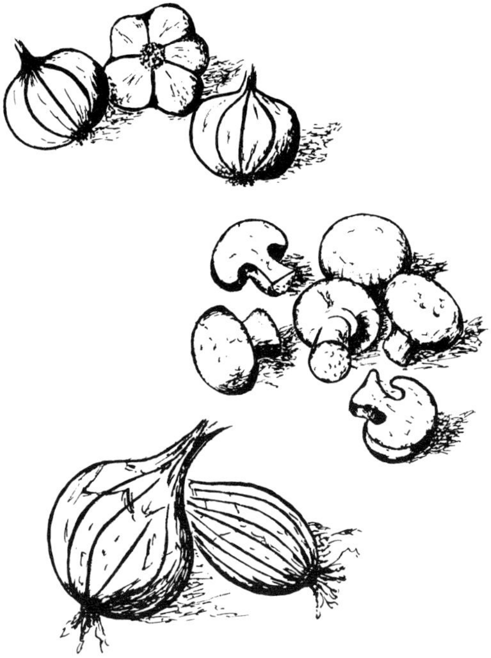

Kartoffel - Gröstl

Zutaten

500g gekochte, geschnittene Kartoffeln
150g blättrig geschnittene Champignons
150g gewürfeltes Wammerl
1 geschnittene Zwiebel
etwas geschnittener Lauch
Speiseöl
Kümmel, Salz, Pfeffer, Majoran

Zwiebel, Lauch, geräuchertes Wammerl und Champignons anglasen, Kartoffeln dazugeben und kräftig rösten. Zum Schluß mit Kümmel, Salz, Pfeffer und Majoran würzen.

Kartoffelsalat

Zutaten

1 kg Kartoffeln (festkochend)
1 kleingeschnittene Zwiebel
Salz, Pfeffer
2 kleine Essiggurken
Essig, Öl
Rahm
etwa 250ml Brühe

Die Kartoffeln kochen, noch heiß schälen und in dünne Scheiben schneiden. Aus Salz, Pfeffer, Essig, Öl, Zwiebel, dem Rahm und kleingeschnittenen Essiggurken eine Marinade anrühren und die warmen Kartoffeln untermischen. Damit der Salat nicht zu trocken wird, nach und nach Brühe zugießen und einige Zeit durchziehen lassen.

Bärwurzsoße

Zutaten

1/4 l Wasser ohne Kohlensäure
1/4 l Salatöl
2cl Bärwurz
1 Eßl. grobgehackte Petersilie
je ein halber Eßl. grob gehackter Kerbel und Schnittlauch
1/2 Teel. Senf
1 kleiner Spritzer Rotweinessig
Salz, Pfeffer, eine Prise Zucker

Alle Zutaten im Mixer fein pürieren und etwas ruhen lassen. Eventuell noch abschmecken. Diese Soße ist im Kühlschrank gelagert einige Tage haltbar. Sie paßt zu gebratenem Leberkäse gut.

Spätzle

Zutaten

400g Mehl
3-4 Eier
1 Prise Salz
30-40g Butter

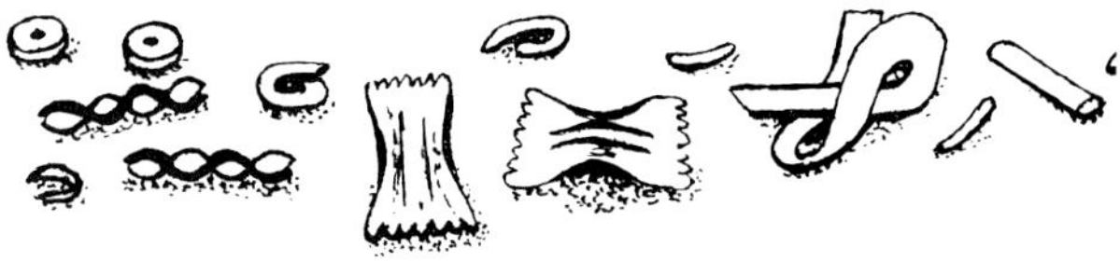

Mehl in eine Schüssel sieben, Eier hinzugeben, leicht salzen und gut mischen, bis der Teig Blasen wirft. Den Teig in kochendes Salzwasser portionsweise durch den Spätzlehobel reiben und in einem offenen Topf rasch aufkochen lassen, bis die Spätzle an der Oberfläche schwimmen. Mit einer Schaumkelle herausnehmen, gut abtropfen lassen und in heißer Butter kurz schwenken.

Semmelknödel

Zutaten

8-10 geschnittene Semmeln
Salz
125ml lauwarme Milch
2-3 Eßl. gehackte Petersilie
3 Eier

Semmeln in lauwarmer Milch einweichen, salzen und die Eier zugeben. Petersilie untermischen und falls der Teig etwas zu weich ist, noch Mehl einarbeiten. Knödel mit nassen Händen formen, in kochendes Salzwasser einlegen und 15-20 Minuten ziehen lassen.

Sauce Tartar

Zutaten

6-8 Eßl. Mayonaise
2 Eßl. gehackte Petersilie
1-2 Eßl. Kapern
3 kleine feingehackte Gewürzgurken
etwas Zitronensaft
Salz, Pfeffer

Die Mayonaise mit der Petersilie, den Kapern, den Gewürzgurken und dem Zitronensaft verrühren. Mit Salz und Pfeffer abschmecken.

Tzaziki

Zutaten

1/2 Schlangengurke
2 Becher Sahnejoghurt
3-6 Knoblauchzehen
Salz
weißer Pfeffer
ein kleiner Schuß Essig

Die Gurke schälen, raspeln und leicht ausdrücken. Mit Joghurt, Salz, Pfeffer, gepressten Knoblauchzehen und Essig gut vermischen, abschmecken und im Kühlschrank durchziehen lassen.